〈おたすけモンスター〉シリーズ②

きみは、きみのままでいい

子どもの自己肯定感を育てるガイド

ポピー・オニール 著

渡辺滋人 訳

創元社

YOU'RE A STAR by Poppy O'Neill
© Summersdale Publishers Ltd, 2018
All rights reserved.
Japanese translation published by arrangement with Summersdale Publishers Ltd.
through Tuttle-Mori Agency, Inc., Tokyo

本書の日本語版翻訳権は、株式会社創元社がこれを保有する。
本書の一部あるいは全部についていかなる形においても出版社
の許可なくこれを使用・転載することを禁止する。

★ 目　次 ★

まえがき……………………………………………………………………7
保護者のためのガイド……………………………………………………8
　　あなただけじゃない…………………………………………………8
　　自分に自信がもてない………………………………………………9
　　話し合う……………………………………………………………10
　　この本の使い方……………………………………………………11
子どものためのガイド…………………………………………………12
おたすけモンスター　ボップ…………………………………………14

パート1 自分が考える「自分」って？…………………………15
　自分自身のことをどう思う？………………………………………15
　　やってみよう！　まず自分のことを整理する……………………16
　　やってみよう！　わたしの良いところ……………………………18
　　やってみよう！　わたしの宝石箱…………………………………21
　感情ってどんなもの？………………………………………………22
　　やってみよう！　今どんな気持ち？………………………………23
　　やってみよう！　めい想——心を落ち着かせる…………………25
　良いサイン、悪いサイン……………………………………………28
　　やってみよう！　自分を評価してみる……………………………30

パート2 自分を信じる——もっと自分を大切に………………32
　　やってみよう！　あなたをいい気分にするのは？………………34
　　やってみよう！　あなたをイヤな気分にするのは？……………35

3

| やってみよう！ | 自分の考えに耳をかたむける……………………36 |

マインドフルネス……………………………………………39
どこでもマインドフルネス…………………………………40
沈んだ自分を元気づけるには………………………………43
みんなちがう！………………………………………………44

| やってみよう！ | 友だちと自分……………………………………45 |

友だちの見分け方……………………………………………46

| やってみよう！ | わたしはどんな友だち？………………………47 |
| やってみよう！ | わたしって、すごいかも！……………………50 |

どんなことが自信に影響する？……………………………51
どうすれば前向きになれる？………………………………51
自信に満ちた姿勢はどこから来る？………………………53

パート3　イヤな考えをコントロールする……………58

うれしくない考えってどんなもの？………………………59

| やってみよう！ | それはほんとう？………………………………60 |

前にもこんなことがあった……………………………………62
マイナスの考えにどう対向する？…………………………62
考えちがい……………………………………………………62
考え方をひっくり返す………………………………………65
うしろ向きの考えを前向きに！……………………………66

やってみよう！	希望をもって前向きに！………………………67
やってみよう！	いくつかに分けてみる…………………………69
やってみよう！	幸せの箱づめ……………………………………73

自分を責めないで……………………………………………75
行動を変えてみる……………………………………………75
小さな1歩から………………………………………………77

| やってみよう！ | 小さなステップ…………………………………79 |

問題のあるふるまい……………………………………82
避けようとするクセ……………………………………86
隠しておきたい秘密……………………………………88
完ぺき主義………………………………………………90
受け身の姿勢……………………………………………93
人を攻げきするクセ……………………………………99
人の気を引こうとするクセ……………………………104

パート4 自分をいたわり、大切にする……………108

自分の時間をゆったり過ごそう………………………108
緊張ってどんな状態？ どんな感じ？…………………109
やってみよう！ 木のイメージを使って深呼吸……110
やってみよう！ どんなことで、リラックスできる？……111
やってみよう！ メチャクチャラインで色分け……114
心配ごと…………………………………………………115
自分をほかの人とくらべない…………………………116
自分は自分………………………………………………116
やってみよう！ 得意なことは………………………117
意見のちがい……………………………………………120
やってみよう！ わたしは専門家！…………………123
やってみよう！ 気に入ったほめ言葉………………124
体を動かす………………………………………………125
やってみよう！ どんな運動をしている？…………125
食べて健康に……………………………………………127
やってみよう！ あなたの好きなくだものと野菜は？……127
水って最高！……………………………………………128
やってみよう！ わたしの寝室………………………129
やってみよう！ ぐっすり眠るために………………130

体を大切に‥‥‥‥‥‥‥‥‥‥‥‥‥‥‥‥‥‥‥‥‥‥‥‥‥‥‥‥131
かがみよ、かがみ‥‥‥‥‥‥‥‥‥‥‥‥‥‥‥‥‥‥‥‥‥‥‥131
パーフェクト星‥‥‥‥‥‥‥‥‥‥‥‥‥‥‥‥‥‥‥‥‥‥‥‥132
やってみよう！ 自分が好き！‥‥‥‥‥‥‥‥‥‥‥‥‥‥‥‥‥135

パート5 将来の計画‥‥‥‥‥‥‥‥‥‥‥‥‥‥‥‥‥‥‥‥‥‥136

未来に目を向けて‥‥‥‥‥‥‥‥‥‥‥‥‥‥‥‥‥‥‥‥‥‥136
やってみよう！ わたしの未来‥‥‥‥‥‥‥‥‥‥‥‥‥‥‥‥137
あなただけじゃない‥‥‥‥‥‥‥‥‥‥‥‥‥‥‥‥‥‥‥‥‥139
おしまい！‥‥‥‥‥‥‥‥‥‥‥‥‥‥‥‥‥‥‥‥‥‥‥‥‥140

保護者の方へ
　お子さんの自己肯定感を高めるために、どう手を差し伸べるか？‥‥‥‥141

まえがき

アマンダ・アシュマン-ウィムズ
（心理カウンセラー）

　母親として二人の娘を育て、多くの子どもたちの心理療法に携わった経験から私が実感したのは、自信や自尊心につながる自己評価の問題が現代の子どもの健康と幸福に強く影響しているということです。子どもたちが自分の内的世界を意識してその理解を深め、自分自身との健全な関係を構築するための方策とツールをみつけられるようにする――これは子どもの日常をサポートする上でも、青春期から大人へと成長していくための健全なスタイルを獲得する上でも、この上もなく大切なことでしょう。

　ポピー・オニールの『きみは、きみのままでいい』は、楽しいキャラクターと魅力的な訓練を通じて、子どもが自分の価値を認め、自分を肯定することの意味を理解できるように、やさしく書かれたすてきなワークブックです。ここに紹介されている訓練によって、子どもたちは自分の感情と思考のプロセスを認識し、すでに自分の内に備わっている強さと財産に気づいて、そこに焦点を合わせることができるようになるでしょう。子どもたちにとって、新たな行動に小さな１歩を踏み出す励みにもなると思います。この本は、子どもが自分自身と他者のユニークな価値を理解し、本ものの友情を見極める手助けにもなるでしょう。生命活動を形作る身体感覚に目を向け、健康なライフスタイルの重要性も説いていきます。さらにやさしい瞑想法――身体と感覚を通して「今、この瞬間」の体験に集中する"マインドフルネス"の実践も紹介しています。この訓練によって、子どもは常に自分の中にある安らぎと幸せの資源に容易にアクセスする方法を学ぶでしょう。

　私はこの本を、わが子のために使える有効なツールとして親御さんたちに強くすすめたいと思います。この本は、子どもが自分についての理解を深め、自信と誇りをもって困難をくぐり抜け、克服していく助けになります。お子さんはありのままに輝きを放つようになるでしょう。

保護者のためのガイド

あなただけじゃない

　この実践的ガイドは、児童心理学者が用いる認知行動療法を、お子さんの自己肯定感を育むための簡単な作業・訓練とともに紹介しています。わが子がほかの子どもに比べてなんとなく引っ込み思案なのではないか、うちの子は自信がなくていろいろな活動に加わろうとしない……などと気になることはありませんか。親の励まし方が問題とは限りません。親がいくら力んでも、子どもは自分を信じて前へ進めないことはよくあります。それは自己評価に関わる問題なのです。他人が自分をどう見るかではなく、自分が自分をどう見ているかという問題です。

　この本は、7歳から11歳くらいのお子さんの心の問題に関わるワークブックです。この時期に起こる多くの出来事が、自分の価値についてのお子さん自身の見方に強い影響を及ぼします。現時点だけではなく、今後何年にもわたってその影響は残るでしょう。親密な友情が形成されるようになります。自分の知識や技術が、生まれて初めて試験という形で評価されます。自分の容姿や身体能力にまつわる意識が強まり、自分の魅力をほかの人と比較し始めるでしょう。ソーシャルメディアを使い始める子もいますし、仲間からのプレッシャーなども初めての経験でしょう。思春期の初期段階に入る子もいて、それに伴う気分の動揺なども見られます。だからこそ、成長期のさまざまな問題に苦しむ時期があり、その影響で自尊心や自己評価が歪んでしまう子どもがいても、驚くことではありません。

　ですから自己肯定感が不足気味でお子さんが苦労していると感じたとしても、それはあなただけの問題ではないということを忘れないでください。

自分に自信がもてない

　お子さんの自己評価が低く、自信を失っているかどうかを見極めるには、次のようなサインを見逃さないようにしましょう。日常のありふれた場面にせよ、何か特殊な状況であるにせよ、お子さんが自分の周囲のことを語る際に、これらのサインが表面化することがあるようです。

- 「これ得意じゃないし……」「みんなぼくよりうまい」など、自分を卑下するようなことを言う。

- うまくいかないと考えて、チャレンジを避ける。

- 外からの称賛あるいは批判を素直に受け入れられない。人が自分をどう見ているかを気にしすぎる。

- ほかの子たちに「ついていけない」と思いこみ、授業や成績に興味を失う。

- 気分の揺れが激しい。

- 仲間からの圧力（またはその雰囲気）に強く影響される。

- 自分の無力感や劣等感を隠すために、強がって見せようとする。

　こういうふるまいが特定の状況に結びつくかどうかを判断する材料として、**日記をつけること**をお勧めします。お子さんが何かの活動で苦労しているとか、誰かのせいで悩んでいるなど、具体的な問題がある場合、記録があればより詳しくお子さんの状況を理解する手がかりになります。

　心に留めておいていただきたいのは、お子さんの自己肯定感を育むための手助けが遅すぎることは決してないということです。

話し合う

　あなたが語りかけること、そしてその語り方は、お子さんが自分をどう見るかということにとてつもない影響を及ぼします。子どもの自己評価が低いとき、なんとか自信をもたせようと、あなたはもっとほめてあげるべきだと思うかもしれません。でもあまり頻繁にほめたり、つまらないことで大げさに持ち上げたりするのは考えものです。子どもに自信をもたせるために、基準を低くするように勧めていることにもなりかねません。

　やたらにほめて子どもの自信の不足を過剰におぎなおうとしても、事態は好転しない——この認識は重要です。問題を解決するには、その原因を突き止め、事態を正確に把握することが必要です。お子さんとの意志の疎通を図り、具体的な問題が起きたときには、そのことについてよく話し合ってください。算数がむずかしくて苦労している？　学校で誰かにいじめられている？　もしかしたら、友だちの〇〇ほど自分には魅力がないと思いこんでいるのでは？　ともかく子ども自身がどう感じているかを本人にしっかり説明させ、その上で問題解決に向けて前向きの1歩を踏み出せるように促してあげましょう。さまざまな問題と向き合い、解決策を探すために、サポートを惜しまず、いつでもお子さんの味方になってあげましょう。子ども自身が問題への向き合い方を学び、そこに伴う否定的な感情を克服する必要があります。その上で健全な自己肯定感を身につけ、自信にあふれた大人へと成長していくことができるのです。

この本の使い方

　この本の各課題を、たとえば週に1回または数日おきに1歩ずつ進めていけるように、導いてあげるとよいでしょう。ただあくまでもお子さん自身にペースを設定させ、自力で作業に取り組めるようにすることが重要です。本人の自立心を育むことで、同時に自分に対する評価も改善されていくからです。各課題は、お子さんが自分の長所とかけがえのない個性を理解することで、自分を見つめ直し、自己肯定感を得られるように構成されています。本人が機嫌よく自分に向き合っているときは、日々の課題に対処するのに向いているといえます。お子さんには常にあなたのサポートがあることをしっかり理解させましょう。本人がさまざまな方策を身につけ、自力で問題を処理できるように励ましてあげてください。お子さんの自己評価は、きっと見違えるように改善されていくでしょう。

　この本があなたとお子さんの役に立って、自尊心とは何か、自己肯定感をいかに確かなものにするか、ということの理解が深まっていくことを願っています。しかしながら、ここで語られている内容を越えて、お子さんの精神状態について何か深刻な懸念があるときは、医師やカウンセラーに相談されることをお勧めします。

子どものためのガイド

こんな気持ちになることがよくあれば、この本はきっとあなたの役に立ちます。

☆ みんなに比べて、自分はあまりよくできないような気がする。

☆ 自分はうまくいかないとか、何か失敗するんじゃないか、と考えてしまう。

☆ できるだけやってみよう、ベストをつくそう、という気持ちにならない。

☆ 何かまずいことが起こると思って、楽しそうなことにも加われない。

しょっちゅうでも、ときどきでも、こういう感じになることがあるなら、この本はそんなあなたの役に立ちます。あなたが自分のことをどう思っているか——自分自身に対する感じ方は変わるものです。あなたにはそれを良い方向へ変える力がある！　この本には、あなたを導くいくつものアイデアがつまっています。自分をもっと前向きにとらえ、もっと勇気と自信が心にあふれるようになるために、やってみてほしい作業が紹介されています。

この本に書いてあることについて、だれか信頼できる大人に話してみたいと思うかもしれませんね。お母さんでもお父さんでもいいし、だれか世話をしてくれる人や先生でもいいから、相談してみましょう。お兄さん、お姉さん、おじいちゃん、おばあちゃん、おじさん、おばさん、近所の親しい人、あるいは、ほかにあなたがよく知っていて話しやすいと思う大人でもかまい

ません。
　あなたは自分のペースでこの本を読み進んでいけばいい。けっしてあわてることはありません。この本の主役はあなたです。まちがった答えなんてありません！　あなたはあなた自身の専門家。このワークブックは自分のことを何でも書いていい場所なのです。
　用意はいいですか？　では始めましょう！

おたすけモンスター
ボップ

こんにちは、ぼくはボップ。この本(ほん)で、きみのガイドをするよ。
ステキなアイデアを紹介(しょうかい)したり、いろんな作業(さぎょう)やゲームもあるよ。
さあ、さっそく始(はじ)めよう！

パート1
自分が考える「自分」って？

自分自身のことをどう思う？

　こんなこと、あんまり本気で考えたことがないかもしれないけれど、時間をかけて考える意味はありそうです。大人が「自己評価」とか「自尊心」とか言っているのを、聞いたことがある？　自分が考える「自分」って、姿が見えたり手でさわったりできるものじゃないけれど、感じることはできるし、実はとてもパワーがあるんだよ。どういうことかって？　自分が考える「自分」というのは、あなたが自分についてどう感じているかということ。あなた自身の感じ方しだいで、明るく輝くこともあるし暗く沈むこともあります。自分に良い感じをもって自分の能力に自信があると、「自己評価が高い」、つまり「わたしってすごい」ということ。自分にイヤな感じをもって自信がないと、「自己評価が低い」つまり「わたしはダメだ」ということになります。だれだって自分がイヤになることぐらいあります。でもそういうとき、そのイヤな感じの原因を見つけて、1歩前に進めるかどうかが肝心です。実行するのは口で言うほどかんたんではないかもしれません。でもこの本は、あなたが気持ち良く過ごすにはどうしたらいいか、気分が落ちこむときにどうしたらいいか、その方法を見つける助けになるでしょう。

やってみよう！　まず自分のことを整理する

まずあなたについて、あなたの好みについて、少し整理して考えてみましょう。つぎの項目を書いてみてください。

名前は……

わたしに当てはまりそうな3つの言葉は……

大人になったら何になりたい？

パート1　自分が考える「自分」って？

得意（とくい）なこと……

家族（かぞく）のメンバーは……

好（す）きなこと

きみは、きみのままでいい

やってみよう！　わたしの良いところ

　たとえ落ちこんでいるときでも、あなたが特別でユニークであることに変わりはありません。ここでは自分の良いところ、ステキなところをあげて、自分を元気づけましょう。つぎの〇の中に、あなたの得意なこと、自分の中で気にいっている点などを、言葉や絵でかきこんでください。

パート1　自分が考える「自分」って?

わたしは
大切(たいせつ)にされている。
愛(あい)されている。

パート1　自分が考える「自分」って?

やってみよう!　　わたしの宝石箱(ほうせきばこ)

あなたにとって大切(たいせつ)なものは何(なに)ですか? 大好(だいす)きな人(ひと)、楽(たの)しいこと、がんばっていることなどを、絵(え)や言葉(ことば)で表(あらわ)してみよう。

きみは、きみのままでいい

感情ってどんなもの？

「感情」は、あなたが感じるいろいろな気持ちのこと。おもな感情を4つあげてみると——

☆ 喜び　　　　　　　☆ おそれ

☆ 悲しみ　　　　　　☆ 怒り

でも、もっといろいろあるよね！ わたしたちはさまざまな感情を体で感じます。ちっぽけでおとなしいものもあれば、大きくてさわがしい感情もある。いい感じのときもあれば、イヤな感じのときもある。
　外から見てわからなくても、だれにも感情の波があります。
　感情の波が体全体をおおっているような気がするときがあります。あまり良くない気分や考えに動かされてしまうこともあるでしょう。
　なんであれ、感情を味わうこと自体は、悪いことではありません。たとえそれが悲しみや怒りであっても。感じ方はかならず変わっていきますし、いつまでも同じ状態にとどまることはありません。感情は空を流れる雲のように通り過ぎていくものです。

パート1　自分が考える「自分」って？

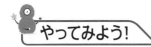 今どんな気持ち？

　今あなたの感じている気分を言葉で説明したり、絵や模様で描いたりできますか？　たとえば、晴れ・くもり・雨など天気で表したり、何かの形を想像してみるのはどうでしょう。色で表してもいいし、動物や宇宙人を考えてみるのもいいかもしれません。一番合いそうだと思うやり方で、あなたの感情を表現してみましょう。

```
今の気持ちはこんな感じ……
```

きみは、きみのままでいい

　自分の気持ちを表した絵や言葉を見て、心の中のようすに近いという感じがありますか？ 静かにその感情を見つめ、その声に耳をかたむけて、どうなるか見てみましょう。

　感情を絵や言葉に表してみることは、自分が今何を感じているのかを理解する手がかりになります。たとえば、あなたが大きな太陽が明るく輝く楽しい絵を描いたとすると、きっと今ハッピーな気分でしょう。（そういう人はいきなり73ページに進んで、"幸せの箱づめ"をやってみたらいいのでは？）

　もしあなたの描いたものに、たとえば暗い雲のような不吉な感じや楽しくない雰囲気があれば、何か良くない気持ちを抱いているのかもしれません。自分の心の中にあるものについて、だれか信頼できる大人に相談してみるのがいいでしょう。

パート1　自分が考える「自分」って？

やってみよう！　めい想──心を落ち着かせる

　めい想というのは、おだやかな気分になるために、脳や心を落ち着かせる方法です。どこでもできますが、静かな室内のすわり心地のいいところや、屋外なら木陰などが向いているでしょう。

☆　タイマーを5分間にセットするか、またはリラックスできるような好きな曲を選んで用意する。（曲の終わりが区切りの合図となる。）

☆　ゆったりとすわって、目を軽く閉じる。

☆　呼吸に意識を集中する──息を吸うときにどんな感じがするか、息を吐くときはどんな感じか。息は止めないで、鼻からゆっくり吸いこみ、鼻からゆっくり吐きだす。その息づかいの音に耳をかたむける。鼻からの呼吸音やその感覚に集中することで、脳にほかのことを考えるゆとりを与えないというのがポイント。

☆　たとえ、ほかの考えがわいてきても気にせず、ただ呼吸に意識をもどして集中する。

☆　タイマーの合図や曲の終了とともに、目をゆっくり開く。

きみは、きみのままでいい

めい想をやってみてどんな感じだった？ あてはまる気分に〇をつけてみよう。

しあわせ

リラックス（ゆったり）　　　　　　　　　　たいくつ

落ち着かない　　　　　　眠い

おなかがすいた

心配

ばかばかしい

おもしろい　　　　　　　　　　　　　　おだやか

> ☆ めい想は、慣れないうちは奇妙な感じがするかもしれないけれど、続けていくと、自分を落ち着かせるのにとても効果的な方法だと気づくでしょう。

いつでもどこでも
深呼吸。

良いサイン、悪いサイン

〔自分について前向きに考えているとき〕

☆ 楽しい。ハッピーな感じ。

☆ 自分はいい人間だという気がする。

☆ 自分を信じられる。

☆ 先のこと（将来）が楽しみ。

☆ 身のまわりの世界を楽しめる。

☆ 元気いっぱいで、希望にあふれた感じ。

☆ 生活の中で何かを変える力が自分にはあると信じられる。

☆ 人の輪の中に入っていける。

☆ 小さなことでも良いことがあればうれしい。

☆ 向上する方法をさがしている。

☆ 友だちを励ます。

☆ ほかの人と自分とのちがいを尊重できる。

☆ まちがえることもあると認め、まちがいから学ぶことができる。

パート1　自分が考える「自分」って？

〔自分はダメな人間だと考えているとき〕

☆　楽しくない。おもしろくない。

☆　自分がほかの人ほどすぐれていない、いい人間ではないと感じる。

☆　自分に自信がない。

☆　将来に希望を感じられない。

☆　まわりの世界の悪いことを見ようとする。

☆　いつも良くないことが自分に起こるような気がする。

☆　疲れた感じのときが多い。

☆　これといって何もしないで時間を過ごしてしまう。

☆　ほめられても、相変わらず自分を低く見る。

☆　なんでも悪いほうの面に目が向いてしまう。

☆　自分を尊敬できない。

きみは、きみのままでいい

やってみよう! 自分を評価してみる

「自己評価」つまり「自分にはどのくらい価値があるのか」という判断は、人それぞれです。自分の「評価」は、そのときの気分や何をしているかによっても影響を受け、上がったり下がったりします。

今、あなたの自己評価はどのくらいでしょう? 自分でこのあたりだと思う目盛りのところに、矢印を書き入れてみましょう。

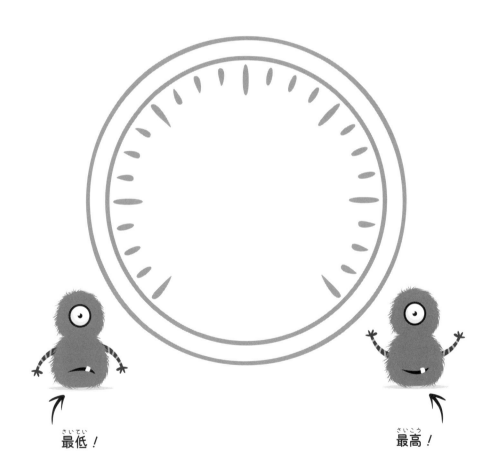

最低!   最高!

自分の気持ちを
だれかに
話してみようか。

パート2
自分を信じる
──もっと自分を大切に

　自分を明るく肯定する姿勢と自分を低く見るクセ、それぞれがどのようなものか見てきました。ここでは自分を低く見る悪いクセをごみ箱に捨てて、いい気分で自分を見つめる習慣を身につけましょう。

自分を低く見る悪いクセ

わたしは
この世界でただ一人、
かけがえのない存在。

きみは、きみのままでいい

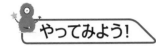 **あなたをいい気分にするのは？**

自分についての思いが良くなったり、悪くなったりするのはどんなときでしょう？ それは、人によってさまざまです。自分の中に良い思いが生まれる場合を、考えられるだけあげてみましょう。（言葉でも絵でもかまいません。）

自分についての思いや感じ方が良くなる
〔例〕仲の良い友だちと過ごす、自転車に乗る

このなかのどれかを毎日実行できますか？

パート2　自分を信じる

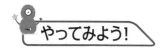 あなたをイヤな気分(きぶん)にするのは？

自分についての思いや感じ方が悪くなる
〔例(れい)〕仲間(なかま)はずれ、きらいな科目(かもく)の勉強(べんきょう)

　いろいろなことが原因(げんいん)で自分への思いが悪くなるときがあるのは、ふつうのことです。このまま進(すす)んでください。次(つぎ)の章(しょう)で、そういう気持ちへの取(と)り組(く)み方を考えましょう。

きみは、きみのままでいい

やってみよう！　自分の考えに耳をかたむける

あなたは今何を考えていますか？ちょっと時間をとって、頭の中の考えに注意を向けてみましょう。自分の考えていることを、こんなふうに書き表してみてください。

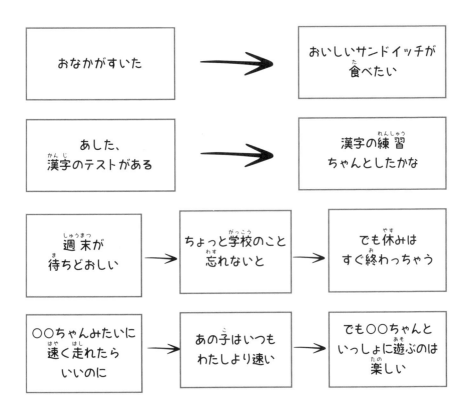

ただ書いてみるだけでも、いくらか気分がよくなることがあります。考えを頭の中から紙の上に移したからだ、といえるかもしれません。紙に書いておけば、それをとっておくこともできるし、だれか信頼できる人に見せてもいいし、クシャクシャに丸めてごみ箱に捨てることもできます。

パート2　自分を信じる

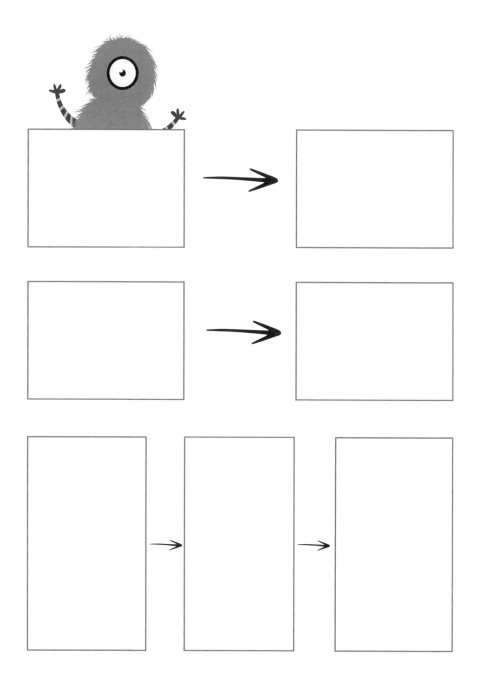

いつでも助けを
求めることができる。

パート2　自分を信じる

マインドフルネス

　"マインドフルネス"という意識の集中のしかたは、もともとは仏教の精神修行から始まったといわれています。マインドフルネスとは、この瞬間に起こっていること、今この場で感じていることに意識を集中する心のあり方をいいます。

　マインドフルネスはまた、心をおだやかな状態にし、大きく複雑な感情の波をしずめる方法としてすぐれたものです。このめい想法を毎日の生活に取り入れている人はたくさんいます。もしあなたが自信をなくして沈んでいるなら、マインドフルネスはあなたがおだやかで自由な心を取り戻す大きな手助けになるでしょう。

どこでもマインドフルネス

この練習はいつでもどこでもできるよ！ちょっと時間をとって、身のまわりの様子、今考えていること、感じていることに注意を向けてみよう。

たとえば、こんなふうに始めてみる。

> ☆ 目を閉じ、片手をおなかの上におく。深くゆっくり呼吸をし、おなかに当てた手が呼吸とともに上下する動きに集中する。

> ☆ 何かを食べているときなら、食べているものの味や食感に注意を向け、舌で十分に味わうようにする。のみこんだあとは、おなかの中の感じに注意する。

パート2　自分を信じる

> ☆ 雨が降っているなら、ちょっと立ち止まって肌に当たる雨粒を感じてみよう。冷たいかな？　水滴は大きい？　それとも霧のような感じ？

> ☆ 地面や床にはだしで立って、足の裏の感覚に集中する。どんな肌触り？　あたたかい？　冷たい？　やわらかい？　かたい？　その感触を表すのに、ほかにどんな言葉があるだろう？

　こういう練習によって、気分がおだやかになり、感情のコントロールがしやすくなることが期待できます。ほかのことでも同じだと思いますが、マインドフルネスも練習を積めば、それだけ手軽にあなたの役に立つようになるはずです。

考えは考えでしかない。
事実とはちがう。

パート2　自分を信じる

沈んだ自分を元気づけるには

自信がなくて落ちこんでいるとき、どうやって気持ちを前向きにする？

☆　外に出る（危険でなければ、どんな天気でも）。風に揺れる木をながめ、空気のにおいをかぎ、水たまりに飛びこみ、きれいな葉っぱを集める。

☆　にっこりする。専門家によると、楽しいと思えないときでも、笑顔をつくると気分が良くなる場合がある。

☆　本棚の本をアイウエオ順に並べかえる。または表紙の色別に整理する。

☆　親しいだれかと公園に行ってみる。

☆　絵を描く。何か作ってみる（ぬり絵、切り絵、コラージュ、粘土細工、溶けるビーズ、ボール紙工作など）。

☆　体を動かす（体操、ダンス、自転車など）。

☆　気分の良くなる音楽を聴く。

☆　本を読む。

みんなちがう！

　この地球上に住む人間はみなちがっています。朝ご飯に食べるものから、こわがっているものまで、まったく同じ人なんて一人もいません。
　ちがいには、目に見えるものと見えないものがあります。
　外から見てわかるちがいの多くは、その人がどんな心の持ち主かを表してはいません。ポップが毛むくじゃらだからといって、同じようなタイプが好きだとはかぎらないし、ほかの毛むくじゃらのモンスターと同じ考え方をするとはいえません。
　外から見てわかりやすい特徴は、大きなちがいのように感じてしまいがちです。
　男の子と女の子、そばかすのある子とない子、背の高い子と低い子、クセ毛の子とまっすぐな髪の子……。わたしたちの体は確かに少しずつちがっていますが、それはそれだけのこと。だれにも自分であるための特別のスタイルがある、ということでしょう。

パート2　自分を信じる

友だちと自分

　だれか仲の良い友だちのことを思い浮かべてみよう。その子ときみの似ているところはどんなところ？　ちがうところは？　思いつくことを書いてみよう。（絵でもいいよ。）

〔例〕背の高さ、好きなテレビ番組、得意な科目

友だちの見分け方

　本ものの友だちってすばらしい。世界中で一番いっしょに遊びたいと思えるのが、本ものの友だち。でもときには、向こうでは友だちだと言っていても、きみ自身はいっしょに遊びたくない場合もあるよね。友だちだと言いながら、きみをいじめるヤツだっているかもしれない。

　ただいっしょにいるだけで、あるいは口で友だちと言うだけでは、ほんとうの友だちとはいえません。にせものの友だちは、友人のふりをしたいじめっ子かもしれません。自分に自信がないと、友だちのふりをする人からイヤなあつかいを受けてもがまんしてしまうことがあるようです。でも忘れないでほしいのですが、あなたはあなたにやさしくない人、あなたにイヤな思いをさせる人といっしょに過ごす必要はありません。

〔本ものの友だち〕

☆ 話を聞いてくれる。

☆ やさしく話しかけてくれる。

☆ 味方になってくれる。

☆ 仲間に入れてくれる。

☆ 自分のことを良い気分で考えられる。

〔にせものの友だち〕

☆ 無視する。

☆ 仲間はずれにする。

☆ あなたを傷つける。

☆ からかったり、恥をかかせたりする。

☆ 自分についてイヤな気分にさせる。

大切なこと

☆　あなたが今いじめられているとしたら、それはあなたのせいではありません。あなたが悪いのではない、ということを忘れないように。今起きていることを頼りになる大人に伝えましょう。あなたはかけがえのない存在です。大切にあつかわれて当然です。

パート2　自分を信じる

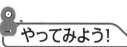 わたしはどんな友だち？

　良い友だちをもつことは、自分を大切にすることにつながりますが、あなた自身がいろいろな面ですばらしい友だちであると自覚することも大事です。
　下の名札やバッジに、どんな点であなたが良い友だちであるのか、具体的な例を書きこんでみましょう。たとえば「相手の話をよく聞いてあげる」など。書きこんだら切り抜いて、日記帳やボードにはったり、クリップや安全ピンで服につけてみるのはどうでしょう。

きみは、きみのままでいい

わたしはわたし、
ほかのだれかと比(くら)べて
良(よ)いとか悪(わる)いとかは
関係(かんけい)ない。

きみは、きみのままでいい

内(うち)にしまっておくより外(そと)に出(だ)す
☆ 考(かんが)えというのは、勝手(かって)につぎつぎとわいてきて、頭(あたま)の中(なか)をいっぱいにしてしまうことがあるようです。とくにたくさんの種類(しゅるい)の考(かんが)えに注意(ちゅうい)を向(む)けなくてはならないときなど、頭(あたま)の中(なか)がやかましいくらいです。
☆ 手(て)もとにノートを用意(ようい)しておいて、気(き)になる考(かんが)えを書(か)きとめるクセをつけたらどうでしょう。うるさくなりそうな考(かんが)えを頭(あたま)の中(なか)からノートに移(うつ)す感(かん)じです。

やってみよう！　わたしって、すごいかも！

あなたはステキな人(ひと)――そのことを自分(じぶん)に思(おも)い出(だ)させよう！
つぎの……の部分(ぶぶん)に自由(じゆう)に言葉(ことば)をおぎなって、文(ぶん)を完成(かんせい)してください。

……したとき、自慢(じまん)したいような良(よ)い気分(きぶん)になった。

今日(きょう)は……がうまくできた。

パート2　自分を信じる

……が待ちどおしい。

……しているときは楽しい。

どんなことが自信に影響する？

イヤな考えをコントロールする方法に進む前に、もう少しくわしく自分のとらえ方について見てみましょう。さまざまなことが、あなたの自己評価や自信に影響をあたえます。

たとえば、

☆ 幸せな思い出や悲しい記憶が残った過去の経験（楽しかった旅行、いじめを受けたこと）

☆ ほかの人の言葉や態度（先生が宿題をほめてくれた、友だちがわたしを無視した）

☆ 自分の考え方（「わたしならできる」「むずかしすぎる」「やってみるのがこわい」）

どうすれば前向きになれる？

自分自身やまわりの世界についての考え方を変えていくことで、あなたの考える「自分」の輝きを増すことはできます。前向きに考えようという意識をもてば、感じ方も前向きに変わっていくのです。

できる範囲で
ベストをつくせばいい！

パート2　自分を信じる

自信に満ちた姿勢はどこから来る？

　自信は心の内から生まれるものです。自己評価がしっかりしていれば、思いがけないことになっても、自分への信頼は揺らぎません。
　自分に自信がもてないとマイナスの考えに引きずられて、良いことがあっても心から楽しむことができません。

　ボップが自信がないのはどうしてなのか、わかりますか？

　先生がボップに、みんなの前に立って文章を読むように言いました。ボップはうまく読めるかどうか、心配でしかたがありません。

きみは、きみのままでいい

自分に自信があれば、ボップの考えはこんなふうに進むでしょう。

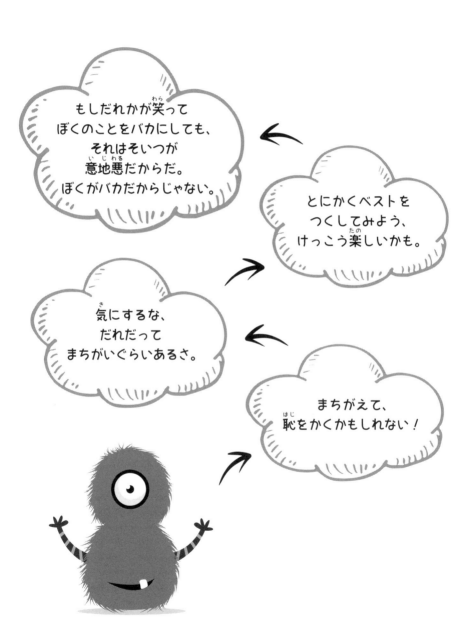

パート2　自分を信じる

　でも、自分に自信がないと、ボップの考えはこんなふうに進むかもしれません。

きみは、きみのままでいい

　読みまちがいをしてみんなに笑われるんじゃないかと、ボップは心配しています。やりたくないとしりごみしています。ボップは自分に自信がもてず、前向きになれません。

　ボップの自信のなさはどこから来ているのでしょう？

　　A　先生

　　B　ほかの生徒たち

　　C　ボップ自身の考え方。頭の中で想像していること。

　もちろん答えはC！　ボップは何かイヤなことが起こるんじゃないかと想像して、弱気になっているんです。

パート2　自分を信じる

では、どうやってボップに自信をもたせたらいいでしょう？

- A　ボップは教室で読まなくていいことにする。
- B　ほかの子が笑えないように、みんなの口に靴下をつめこむ。
- C　みんなの前で読むことについて、ボップが自分の考え方や気持ちを改める。

　ここも正解はC！　もし読むのをやめてしまったら、ボップは自信をつけるチャンスも失ってしまいます。自信のなさはそのままか、もっとひどくなってしまうかもしれません。それに、みんなの口に靴下をつっこむなんて無理だよね！

　あなたの考え方や感じ方、ふるまい方を変えることで、どんなふうに自信を育み、どうやって前向きな姿勢を保っていくか――パート3では、そのことを考えましょう。

パート3
イヤな考えをコントロールする

　わたしたちの心の中には、自分について語る小さな声がひびいています。自分に自信がある人ならその声はやさしく適切なものでしょうが、自己評価が低い人の場合は、その声は不愉快なものだし、まちがったことを信じさせてしまいます。

　でもあなたには、この声の語り方を変える力があるはずです。

パート3　イヤな考えをコントロールする

うれしくない考えってどんなもの？

　イヤな考えをやっつけるための第一歩は、その考えがどんな種類のものなのかを見分けることです。つぎのマイナスの考えのリストを見て、自分に当てはまるものはどれかチェックしてください。

自分についてのマイナス思考
みんなわたしをきらっている。　　　　　　　　　□
わたしは退屈な人間だ。　　　　　　　　　　　　□
わたしはみにくい。　　　　　　　　　　　　　　□
いつも失敗ばかりしている。　　　　　　　　　　□
いつも良くないことが自分に起こる。　　　　　　□
自分が完ぺきでないと満足できない。　　　　　　□
ほんとうのわたしを知ったら、みんなわたしをきらう。□
わたしは悪い人間だ。　　　　　　　　　　　　　□

きみは、きみのままでいい

やってみよう! それはほんとう？

　刑事のように真相を探り当てる必要があります。前のページで選んだ考え方のどれか1つを取り上げましょう。それがまちがいであることを証明するために、事実を探していきます。

　つぎのように自分に問いかけてみましょう。

☆　わたしは自分に対して公平だろうか？（〔例〕自分に完ぺきを求めるのはフェアとはいえない。）

☆　そんなふうに考えると、自分にとって何かの役に立つの？（〔例〕実際にやってもいないのに失敗すると決めつけるのは、何の役にも立たない。）

☆　それはありそうなこと？（〔例〕友だち全員が内心ではわたしをきらっているなんて、ありそうもない。）

☆　それは事実にもとづいているの？（〔例〕「みにくい」というのは事実とはいえない。）

☆　その考えがまちがいだと証明する事実はどんなものだろう？

☆　一番仲の良い友だちに、その考えを言える？

調べた結果を表にまとめてみましょう。

考　え	まちがいだという証拠	結　論
わたしは退屈な人間	わたしには仲良しの友だちがいて、彼らもわたしと過ごすのを楽しんでいる。	この考えは正しくない！

悲(かな)しいときもあるけど、
だいじょうぶ。
気分(きぶん)を変(か)えるために、
できることは
いろいろある。

前にもこんなことがあった……

　マイナスの考えはどこからともなく生まれてくるような気もするけど、はっきりと過去の経験が原因だとわかることも多いよ。
　同じようなことをやろうとしてうまくいかなかったことがあると、つぎも同じ結果になるだろうと考えてしまうんだ。もう一度やってみようという勇気は、なかなかわいてこない。
　でも、だれでも最初はうまくはいかないのが当たり前。何度もやってみて少しずつうまくできるようになり、やがて楽しさもわかってくるものです。

マイナスの考えにどう対抗する？

　うしろ向きの考えを前向きに変えるには、そのやり方を学べばいいはずです。
　イヤな考えはいつでもムクムクわいてきて、一日をだいなしにしてしまうこともあるよね。だからそんな考え方との戦い方を学んで、マイナスの考えをプラスの考えに変えられるようになりたいものです。
　自分に積極的に語りかけて、あなたの暗いマイナスの考えを、明るい前向きなものに変えられるようがんばりましょう。
　用意はいい？

考えちがい

　わたしたちの脳がイヤな気分に反応してパニックになったり、混乱状態になったりすると、自分に対する信頼はますます揺らぎます。そして、考えの混乱から、さまざまなタイプのまちがった思いこみが生まれます。

パート3　イヤな考えをコントロールする

　ボップには、いくつかのまちがった思いこみがあるようです。

満点か、0点か——完ぺきでないと、まるでダメだと思ってしまう。

1つが全部——1つがうまくいかないと、全部うまくいかないと考える。

欠点ばかりに注目——ほかはうまくいっているのに、1つの失敗ばかり気にする。

ネクラな決めつけ——きっとうまくいかない。

心が読めるという錯覚——みんながわたしのことを悪く思っているのがわかる。

最悪予想——1つのミスで、きっとメチャメチャになる。

針小棒大——自分の中のきらいなところは重大で、好きなところはつまらないと思いこむ。

劣等感——なんでも友だちのほうがすぐれていると思う。

ありえない期待——なんでも完ぺきでなくては。

自分をけなす——おれはクズだ！

自分を責める——何もかもうまくいかない、みんなわたしのせい！

感じと事実の混同——自分はぶさいくだという気がする、だから、きっとぶさいくなんだ。

ほかの人のせい——みんながもう少しやさしくしてくれたら、わたしはもっとましな人間になれるのに。

　自分の中で聞こえる声にそっくりなものがありますか？
　似ていると思う考え方に〇をつけてみましょう。

かがみにうつった
自分(じぶん)に向(む)かって、
何(なに)かステキなせりふを
言(い)ってみよう。

パート3　イヤな考えをコントロールする

考え方をひっくり返す

　どんなことでも、考え方が1つしかないなんていうことはありません。考え方をうまく変えれば、きっとあなたの中の「自分」もちがって見えるよ。

☆　ポップは自転車に乗れるようになりたいけど、むずかしくてうまくできない。友だちがすごく楽しそうに風を切って乗っているのを見ると、ついこんなふうに思ってしまう――バカらしくてやってられない、ぼくにはぜったいできない、もうやめる！

☆　ポップは乗り方のコツがすぐに身につかないのをおそれて、やってみようとしない。ポップがわかっていないのは、今かっこよく乗っている友だちも、はじめはよろけたり転んだりしていたということ。

☆　あきらめるのはかんたんだけれど、ポップはその楽しみも、新しいことを身につけるチャンスも逃してしまうことになる。

☆　でももしかしたら、ポップは心の中の弱気な考えを前向きの考え方に変えることだってできるかもしれない――何度だって、やってみることはできる！　必要なら友だちにコツを聞いてみよう。

うしろ向きの考えを前向きに！

うしろ向きの姿勢を前向きに改めるコツは、問題の解決策を考えることです。つぎの表を参考にしましょう。

わたしの言いぶん	ほんとうの考え	ひっくり返す！
バカみたい。	よくわからない。	ちょっと助けてもらおう。
おもしろくない。	かんたんではなさそう。	一度に少しずつやってみたらどうか。
わたしにはできない。	できなかったらイヤだな。	できる範囲でベストをつくす。必要なら助けを求める。
大の苦手。	前にやったけど、うまくいかなかった。	練習すれば、やるたびに進歩すると思う。
時間がかかりすぎる。	わたしには無理。	計画を立てて少しずつ進めば、やり通せそう。
たいへんすぎる、やめよう！	すぐに完ぺきにできないと気分が悪い。	一息入れて、落ち着いているときにもう一度やってみよう。

パート3　イヤな考えをコントロールする

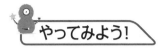 希望をもって前向きに！

　さあ、あなたの番です。うしろ向きの声が聞こえて、何かをやめておこうと判断しかけたときに、つぎの表に書きこんでみてください。なぜそんなふうに考えているのか、その理由がわかりますか？ どうやって前向きの姿勢に変えていきますか？（前のページの例を見て、ヒントを探しましょう。）

　もし行きづまったら、一番仲よしの友だちが同じ問題をかかえて、あなたのところに相談にきた場合を想像してみましょう。どんなアドバイスをしてあげますか？

わたしの言いぶん	ほんとうの考え	ひっくり返す！

うまくいかずに
じたばたしても、
だいじょうぶ。
すなおな気持ちも大切、
今そう感じるのなら、
それはそれでいい。

パート3 イヤな考えをコントロールする

やってみよう! いくつかに分けてみる

　とても複雑に見える問題もあるけど、一度いくつかの小さな部分に分けてみたらどうかな。実際には、やさしいいくつかの段階でできていて、それが集まって1つの結果になっているのがわかるはず。
　1歩1歩ステップを踏んでいくやり方で、ボップの絵を完成させてみよう。

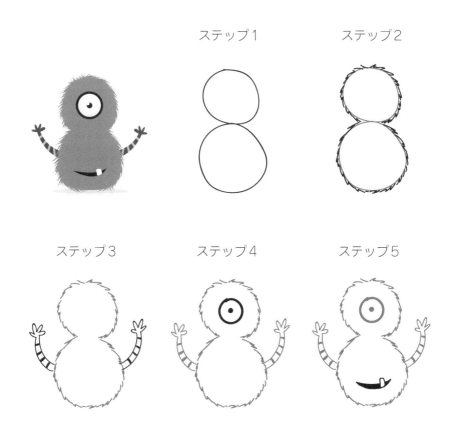

だれでも、これはたいへんだと思わずにはいられないような課題に直面することはあります。たとえば複雑な計算をする必要があるとか、おもしろそうだけど厚い本を読まなくてはならないとか。何かむずかしくなりそうな問題を思いつきますか？　それをどんなふうにして小さなステップに分けたらいいか、考えてみましょう。

パート3　イヤな考えをコントロールする

日記をつける

☆ 問題のあるいろいろな考えを一気に何とかしようとしても無理ですから、ふだんから感じたことを日記に書いておくとよいでしょう。自分だけの秘密の日記でかまいません。考えたこと、感じたことを何でもそのまま書いてみましょう。日記をつけるときは、何か1つは前向きなことを書くようにしてほしいですが、落ちこんでいるのなら、その気持ちを素直に表現してかまいません。文章で表すことは、自分の考えを整理する良いきっかけになります。とくにむずかしい問題に向き合う必要があるときには、考えを整理することは重要です。ノートを1冊用意しましょう。専用の日記帳でなくてふつうのノートでかまいません。

わたしには
十分な能力がある。
（じゅうぶん）　（のうりょく）

パート3　イヤな考えをコントロールする

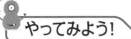　幸せの箱づめ

　あなたを幸せな気分にするものは何でしょう？　わたしたちは大きなことにも小さなことにも喜びを感じます。貝がらにひびく波の音、特別な人とのふれあい、楽しかった誕生日の思い出……。あなたが幸せを感じることを、思いつくかぎりいくつでも紙に書いてみましょう。まず下の2枚から。

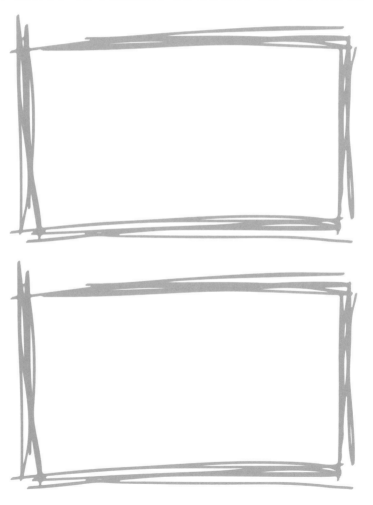

きみは、きみのままでいい

　書けたらハサミで切り抜いて、半分に折りたたみ、専用の箱に入れておきましょう。（箱に気分を明るくするような飾りをつけるのもいいかも。）大きなことでも小さなことでも、何か良いことがあったら、それを紙に書いて箱にためていきます。

　落ちこんだ気持ちのときには、その箱から1枚か2枚取り出して広げてみましょう。ちょっとした気分転換に役立つと思うよ。

パート3　イヤな考えをコントロールする

自分を責めないで

　なんでもそうですが、前向きに考えるといっても、慣れないうちはそんなにうまくいきません。イヤな考えがわいてきても、あまり自分を責めないように。それはあなたが失敗したということではありません。だれでも不愉快な考えに悩まされることはあります。いつも幸せそうで、自信に満ちているように見える人でも同じです。うしろ向きの考えが姿を現したら、そのたびに、これは姿勢を前向きに改めるチャレンジの機会だと考えましょう。いつのまにか、あなたは積極思考のプロみたいになっているかもしれません。
　イヤな考えは川面に浮かぶ泡のように頭の中を流れていき、やがて消えてしまいます。

行動を変えてみる

　わたしたちは状況に応じてさまざまなふるまい方を選んで行動しています。自分をぐらつかせることなく、心や体を良い状態に保つには、自分にとって良くない行動を見分け、ちがうふるまい方を選ぶことが大切です。流されずに、自分の考え方と行動をしっかりコントロールできるようになれば、自分を肯定する力も強まっていくでしょう。
　慣れないうちはこわいと感じる行動もあるかもしれません。でもどんなことでも、あなたがマイペースで実行できる小さなステップに分ければいいのです。自信をつけていくのはかんたんではありませんから、あせってはダメ。あなたはここまで、ほんとうによくがんばってきました。自分をほめてあげましょう！

心のスタイルは
自分の力で変えられる。

パート3　イヤな考えをコントロールする

小さな1歩から

　しりごみしたくなることを実行するコツは、小さなステップに分けて1歩を踏みだすことです。ボップは教室で声を出して読むことを想像すると、不安でおなかが痛くなります。そこで目標までのいくつかの段階を考えて、まずは小さな1歩から始めることにしました。

☆　まず声を出さずに一人で読んでみる。それでもちょっと不安な感じがするのは、それが学校で朗読する本だから。でも一人で黙って読むだけなら、そんなにイヤじゃない。何度か読んでみたら、リラックスできそうな気分。

☆　つぎにボップは一人で声を出して読んでみる。はじめは変な感じだけど、すぐに平気になる。

☆　今度は大人にたのんで、ボップが読むのをそばで聞いてもらう。つっかえたり、まちがえたりするけれど、続けたらうまくいく。

☆　まだ学校でみんなの前に立って読むのは心配。それでボップは大人の前に向き合って立って読む練習をする。とても変な感じがしたので、またすわって音読。そのあともう一度立って音読。

☆　先生にたのんで聞いてもらう。教室で先生のとなりにすわって、しっかり声を出して読む。

☆　これでみんなの前で朗読する準備はできた。ボップはまだ少し緊張していたので、今回は1ページだけ選んで読んだ。でもやりとげて、いい気分！

きみは、きみのままでいい

★ ポップのステップ ★

6　クラスのみんなの前で1ページ朗読(ろうどく)。

5　先生(せんせい)に聞(き)いてもらう。

4　大人(おとな)の前(まえ)に立(た)って音読(おんどく)。

3　大人の横(よこ)にすわって音読(おんどく)。

2　一人(ひとり)で、声(こえ)を出(だ)して読(よ)む。

1　一人(ひとり)で、声(こえ)を出(だ)さないで読(よ)む。

やってみよう！ 小さなステップ

　あなたのかかえている問題を、解決に向かっていくつかのステップに分けてみましょう。それを言葉か絵で表してください。はじめの1歩はあなたが苦労せずにできることがいいですね。たとえばもし何かスポーツのチームに参加したいのであれば、まずあなたは庭でその競技の基礎を練習することから始めたらいいでしょう。つぎのページの図を利用してください。
　忘れないでほしいのは、1つのステップに必要なだけ時間をかけていいということ。行きづまったら、だれかに助けを求めましょう。

> ☆　問題によって、解決法はさまざまです。でもどんな場合でも、小さな1歩1歩の積み重ねが解決への鍵、そしてあなたの心に自信を育む鍵にもなります。

きみは、きみのままでいい

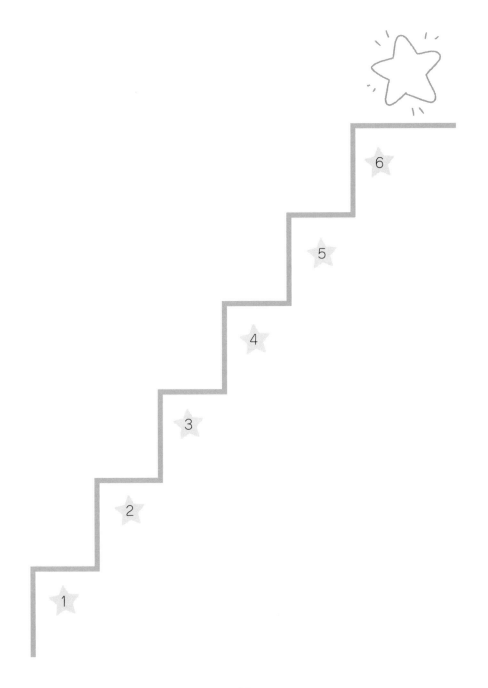

わたしのベストとは、
わたしにとって
一番良(いちばんよ)いということ。

問題のあるふるまい

　頭の中が混乱すると、不愉快な考えが思い浮かび、自分についてイヤな感じがわき起こってきます。そして、イヤな気持ちを隠そうとして、とりあえずその場をつくろって安心しようとしてしまうことがあります。でも、これでは心の強さは育ちません。ここから数ページは、そういう問題行動の例を見ていきましょう。もちろん解決のためのヒントも探していきます。解決法に飛びつく前に、まずそれぞれのふるまい方をしっかり理解しましょう。

避けるクセ──たいへんそうに見えることを避ける。

　シズカさんは、サッカークラブに入りたいと思っている。でも練習中にうまくできない姿をほかの子に笑われることが心配。「やっぱりやめておこう」と逃げてしまう。

パート3　イヤな考えをコントロールする

秘密主義──ほかの人とちがって見えることを隠そうとする。

　ユズル君は、詩を読んだり書いたりするのが好き。でも友だちに知られると笑われそうで、隠している。

完ぺき主義──「何でも完全でなくては」と思いこむ。

　マナブ君は、休みの日にものんびりできない。宿題やいろんな用事をやっていると休む時間もない。勉強は完ぺきでないとダメだと思うし、何でも最高でないと家族や友だちに気に入ってもらえないと考えている。

受け身の姿勢──いつも人に気に入られようとする。気が進まないことでもイヤと言えない。自分につらくあたる。

　ハナエさんは、自分のお弁当から、友だちに好きなものをとって食べさせている。そうするほうが、みんなに気に入ってもらえると思うから。でも自分はおなかがすいたまま午後を過ごすこともある。

攻げきのクセ（いばるクセ）——自分に自信がないのを隠そうとして、逆にえらそうにふるまったり、意地悪な態度をとったりする。

　ゴウタ君は、授業でほかの子がまちがえるといつも大声で笑う。ほかの子をバカにして自分が上に立てばいい気分になれると思っている。

パート３　イヤな考えをコントロールする

　人の気を引こうとするクセ——ほかの人からいい人とか、おもしろい人とか言われたい。人に負い目を感じさせたいし、注目されるためなら危ないことでもする。

　エミさんは、人気者になるために、自分のことや家のことでウソをつくクセがある。休みの日にリッチな経験をしたとか、危険な目にあったとか、大げさな作り話を友だちに言いふらすのが大好き。

　こんなふるまい方は、一時的にはいい気分になっても、長い目で見ると心の奥底にイヤな気持ちを生みだす原因になってしまいます。こういう行動はあなたの考え方を変えるのには役立たないし、ほんとうの自信を育てることにつながりません。

避けようとするクセ

　もしあなたがシズカさんのように思いきった行動を避けてじっとしているタイプなら、あなたは「やってみたらどうなるか」という発見のチャンスを逃していることになります。

　とにかくやってみれば、楽しいだろうし、うまくいくかもしれないし、何かを学べる可能性があります。やってみなければ、新たな発見もないし、前向きの自信も生まれません。

　今までにあなたが勇気を出して何かをやってみたときのことを覚えていますか？　それはどんなことでしたか？　言葉か絵で表してみましょう。

パート3　イヤな考えをコントロールする

そのときの気分はどんな感じだった？　自由に表現してみよう。

隠しておきたい秘密

　ユズル君は詩を読んだり書いたりするのが好きだけど、それをほかの子に知られると笑われるんじゃないかと心配しています。あなたにも何か隠しておきたい秘密がありますか？ ほかの人とはちょっとちがうその秘密を打ち明けても、ほんとうの友だちなら、あなたを尊敬してくれるはず。友だちづきあいをおもしろくするのは、そのちがいなのです。

　だれかから驚くようなことを打ち明けられたことがありますか？ その内容を書いてみよう。絵でもいいよ。

パート3　イヤな考えをコントロールする

そのときの気分はどんな感じだった？　自由に表現してみよう。

　自分の秘密について、大げさに発表する必要はありません。ただ機会があったら打ちとけて話してみたらいい。打ち明け方を自分なりに工夫してみてもいいし、おだやかな気持ちで話せるように、あとで紹介するリラックス法を試してみるのもおすすめです。

完ぺき主義

あなたは何でも完ぺきにやろうとするマナブ君タイプですか？ 助けも求めずいつも一人でやりきろうとして疲れていませんか？ 完ぺきなんて、ほんとうはありえない。完ぺきであろうとすると、結局はいつも合格点に届かないことになります。あなたの中に自信を育むために、一息入れて、自分にこう言い聞かせてください——できる範囲でベストをつくせばそれでいい。それ以上はだれも望んでいない。

だれかに助けを求めたときのことを覚えていますか？ そのときのことを、ここに書いてみましょう。絵でもいいよ。

パート3　イヤな考えをコントロールする

助けを求めたあと、どうなった？　説明してみよう。

　完ぺき主義を改めるのに、77〜80ページで紹介したステップに分ける方法を利用する手もあります。課題を、**実現しやすいいくつかの目標**に分けてみましょう。このとき、「今それはやらない」ということがあってもかまいません。できる範囲でベストをつくせば、それで十分です。計画どおりに進まなかったとしても、気にすることはありません。

もう1回やってみる。
何度でもやってみる。

パート3　イヤな考えをコントロールする

受け身の姿勢

　自分の思いをはっきり伝えるのがこわくなることもあるでしょう。そんなときはむしろ相手の思うとおりにして、自分のほんとうの気持ちは隠しておくほうが楽かもしれません。でも、そんなふうにしていたら、自分より人を大事にするのが当たり前になってしまって、ますます自分に自信がもてなくなるでしょう。必要なのは、自分の気持ちをしっかり主張する方法を身につけることです。

　自分の思いを主張する姿勢には、自分自身だけでなくほかの人を敬う気持ちも含まれます。しっかりとした自分をもっている人は、自分で考え、自分で選ぶことができると同時に、人の考えにも耳をかたむけます。受け身の考えや行動をしっかりとした自己主張の態度に変えるには、65〜67ページで紹介した「ひっくり返し」の技が使えます。

　たとえば、学校の食堂で並んでいるときに、だれかがあなたの前に割りこもうとしたら？

受け身の考え	受け身の行動	ひっくり返す！	自己主張する考え	自己主張する行動
たぶんこの人が先にランチを食べるのが当たり前なんだろう。	「ごめん、いいよ」と言って順番をゆずる。	→	ランチを食べる権利はみんないっしょ。先に来たのはわたし。	「悪いけど、うしろへどうぞ。先に並んだのはわたし」と伝える。

はっきりと自分の思いを伝えられなかったときのことを覚えている？ そのときのことを書いてみよう。(絵でもいいよ。)

パート3　イヤな考えをコントロールする

そのあと、どうなった？ どんな気持ちだった？ 説明してみよう。

きみは、きみのままでいい

　いつ、どんな状況で自分の思いを主張すべきか——それを予測するのは、必ずしもやさしくはありません。だから、ふだんから練習したり自分に約束したりしておくと、役に立ちそうです。あなたが今書いた状況について考えてみましょう。ただし今度はあなたのふるまい方を変えてみます。自分が強気にものを言うところを想像してください。頭の中で想像してみるだけでもいいですが、かがみの前で演じてみてはどうでしょう。ちょっと恥ずかしくて変な感じがするかもしれませんが、この本で学んだ「考え方をひっくり返す技」を使ってやってみることが大切です。自分の意志をはっきり伝えることで、まわりの人はあなたを今までより大切にあつかうようになります。あなたの中の自分を肯定する気持ちもゆるぎないものになるでしょう。

　つぎの表に、自分を強く主張するあなたのプランを書きこんでみましょう。

パート3　イヤな考えをコントロールする

〔例〕

書き方がよくわからないときは、93ページを参考にしましょう。

受け身の考え	受け身の行動	ひっくり返す！	自己主張する考え	自己主張する行動
		→		

〔自己主張の練習〕
　たとえばこんな場合を考えてみよう。

☆　あるテレビ番組について、友だちは好きではないと言っている。でもあなたは気に入っている。

☆　いっしょに弁当を食べる約束をしたのに、友だちがその約束を忘れてしまっているみたい。

☆　公園でよその子があなたのボールを勝手に使っている。

☆　いじめっ子があなたの友だちに意地悪をしている。

〔自分との約束の例〕

☆　授業で答えがわかったときは、手をあげる。

☆　グループの話し合いで意見を言う。

☆　自分の意見や考えが大事なものだと思ったら、しっかり発表できるようにする。

☆　自分の思いをはっきり伝える。

☆　友だちをかばってあげられる。

パート3　イヤな考えをコントロールする

人を攻げきするクセ

　ゴウタ君はほんとうは自信がないのに、それを隠そうとしてえらそうにふるまったり、意地悪な態度をとったりします。でもほかの子にイヤな思いをさせては仲良くなれないし、ゴウタ君自身もいい気分にはなれません。そういう態度はじつは自分を傷つけるのです。わたしたちは自分の思いをしっかり主張する姿勢を学んできましたが、この姿勢は攻げき的な態度を改めるのにも役立ちます。

　人に対して攻げき的な態度をとりたくなったとき、立ち止まって一息つきましょう。そして65〜67ページで紹介した「考えをひっくり返す技」を使って、自分の思いを正しく主張するようにしてください。

　たとえば、だれかが勝手にあなたのボールを使って遊びだしたとき

攻げき的な考え	攻げき的な行動	ひっくり返す！	自己主張する考え	自己主張する行動
あいつらボールをとろうとしてるな！	思いっきりどなって、ビビらせてやろう。	→	あの子たちはまちがっているのかもしれない。話してみよう。	「おーい、それはぼくのボールだ。返してくれる？」と言う。

☆　自分の言い分をしっかり伝えることの意味は、自分も相手も大切にするということです。自分の思いを主張する人は、相手の言うことにも耳をかたむけながら、自分で考え、選ぶことのできる人です。

思っていることを主張するとき、わたしたちは相手の気持ちと自分の気持ちの両方を考えますが、人を攻げきするときはどうでしょう？ あなたは自分が攻げき的にふるまったときのことを覚えていますか？ ここに書いてみよう。

パート3　イヤな考えをコントロールする

　そのあと、どうなった？　あなた自身（じしん）はどんな気持ちがした？　しっかり思（おも）い出（だ）して書いてみよう。

きみは、きみのままでいい

　100ページに書いた場面でのあなたのふるまい方を、もう一度やり直してみましょう。ただし今度は相手を責めるのではなく、正しく自分を主張するとしたらどうすべきかを想像して、下の表をうめてください。

　書き方がよくわからないときは、99ページを参考にしましょう。

攻げき的な考え	攻げき的な行動	ひっくり返す！	自己主張する考え	自己主張する行動
		→		

〔練習のための例〕

☆　あなたが書いた文章にまちがいがあることを、友だちが指摘した。

☆　新たなスポーツ種目に挑んでいるが、コツがつかめない。

☆　学校で取りくむグループ作業で、だれがどの役割をになうかを決める必要がある。

これは
たいへんな仕事だけど、
自分はがんばっているし、
きっとできる！

人の気を引こうとするクセ

あなたは人から注目を浴びたいエミさんタイプ？ 自分がいい気分になるために、人に同情してもらおうと思ったり、人からちやほやされたいと思ったりすることがありますか？ 人気者になって注目を集めるのはいい気分でしょうが、自分にほんとうの自信がなければ、注目度が下がったとたんにそのいい気分は消えてしまいます。あなたの中に本ものの自信を育てるしかありません。

あなたは何か目立つふるまいをして、人の気を引こうとすることがありますか？ ここに書いてみましょう。

〔〔例〕エミの先生が友だちのアユミばかりほめるので、エミはちょっと不満。エミは先生の注意を自分に向けようと思って、腕が痛いと大げさに騒ぎだす。〕

パート3　イヤな考えをコントロールする

　人から注目を浴びたいというクセを改めるには、時間をかけて自分を見つめ直す必要があります。
　人の気を引こうとするあなたのふるまいを、1週間メモしてみましょう。自分の行動とその回数を書いてください。だれにも見せる必要はないので正直に。

月曜日	
火曜日	
水曜日	
木曜日	
金曜日	
土曜日	
日曜日	

自分のクセをコントロールできれば、あなたのふるまい方は変えられます。
　人目を引くようにふるまいたいと思ったとき、その前に何かほかのちょっとしたことをやってみるようにしましょう。たとえば

☆　100まで数える。

☆　好きな歌を頭の中で歌ってみる。

☆　身のまわりに虹の7色が見つけられるか、1色ずつ探してみる。

　気分を変えて心が落ち着けば、さっきやろうとしたふるまいへのこだわりは消えているかもしれません。
　人の気を引こうとする行動は1日何回までと、自分に制限を設けるのもいいでしょう。前のページの表をもう一度見てください。来週は、こうしたふるまいの回数を減らすことができるのでは？
　自分に注意を向けてほしい、あるいはその必要があると思うことは、問題ありません。あなたは助けを求めてもいいし、自分のできることに誇りをもつのも当然です。正しく自己主張する姿勢が大切です。（もう一度93ページを参考にしてみてください。）自分のことだけでなく、ほかの人のことも考えて！　だれもが、あなたと同じように注意を向けられなくてはならない存在です。
　自分の中に自信が生まれ、表面的な注意を引くふるまいが減ってくると、まわりの人があなたのことに進んで注意を向けてくれるようになるのが、わかるでしょう。そうなれば、ほかのだれかが注目を集めても、うらやむことはなくなります。

ベストをつくせば、
それで十分(じゅうぶん)。

パート4
自分をいたわり、大切にする

自分の時間をゆったり過ごそう

　自分への信頼を育てるのはたやすいことではありません。あなたはここまでよくがんばっていますよ！　わたしたちはみな緊張したり、不機嫌になったりするものです。自分をいたわり大切にすることは、心が成長していく上で欠かせません。

　ほかの人にすすめられたことより、自分がやりたいと思うことをして過ごしましょう。あなたは友だちや家族のメンバーと同じように大切にされるべき存在ですから、くつろぎの時間をつくること、友だちと楽しく遊ぶこと、特別なつきあいを楽しむことは、自分が幸せな気分になるために欠かせません。

　問題から逃げたり隠れたりするのが目的ではありません。くつろぎの時間を意味のあるものにしましょう。

パート4　自分をいたわり、大切にする

緊張ってどんな状態？ どんな感じ？

　宝石のように小さくて貴重なものを、手で握っているところを想像してみよう。手を固くぎゅっと握りしめて……そのあと力を抜いてゆるめる。
　手を固く握ったとき、体全体の感じが変わったのがわかった？ その状態を緊張と呼びます。力が抜けると、リラックスした状態になります。
　気が動転したり、不安になったりすると、わたしたちは緊張するのがふつうです。緊張をといてリラックスする技を身につけよう。きっと役に立つよ。

きみは、きみのままでいい

やってみよう！ 木のイメージを使って深呼吸

　あなたの鼻がこの木の幹だと想像して、息を深く吸いこむ。空気が木の中をのぼって枝まで行きわたり、枝先のつぼみが花開くイメージ。今度はゆっくりと木の根元に送り返すように、息を吐いていく。

　これを5回くり返しましょう。この深呼吸は気持ちをおだやかにコントロールするのに効果があります。

パート4　自分をいたわり、大切にする

やってみよう!　どんなことで、リラックスできる？

きみは、きみのままでいい

たとえば、つぎのようなリラックス法はどうでしょう？ 気に入ったものがあったら、やってみよう。

- ☆ 庭に何種類の葉がみつかるか数えてみる。
- ☆ 詩を書く。
- ☆ お気に入りの本を読み直す。
- ☆ 自分の顔や自分が何かをしている姿を絵に描いてみる。
- ☆ あなたの理想の遊び場を想像して描いてみる。──そこには何がある？ 何が聞こえる？ どんなにおい？ さわるとどんな感じ？ 何が見える？
- ☆ 窓から見える景色を描いてみる。
- ☆ あなたの持っている小さなおもちゃ、ビーズ、アクセサリー、カードなどを分類して整理する。
- ☆ 音楽を聴く。
- ☆ 昼寝をする。
- ☆ 好きな美術作品を見る。
- ☆ だれか特別な人に手紙を書く。
- ☆ ペットをなでる。
- ☆ 好きな曲をかけて、いっしょに歌う。
- ☆ おもしろい冗談を言ってみる。
- ☆ コップの水をストローで飲む。

わたしは特別。

きみは、きみのままでいい

やってみよう！ メチャクチャラインで色分け

　全部のすき間を色でぬり分けてみよう。同じ色がとなり合わないようにすること。

☆　この遊びは、色えんぴつと紙があれば、いつでもどこでもできるよ。

心配ごと

何か心配ごとが頭の中でぐるぐる回っているなら、そいつに出ていってもらおう！

もし恥ずかしくて人には話せないなら、ここに書きだすだけでもいいけど、だれか信頼できる人に話を聞いてもらうと、気持ちはずっと楽になると思うよ。ほんとにびっくりするくらい変わるはず。いっしょに問題の解決策を考えられるんだから。

とりあえずここにあなたの心配ごとを書いてみよう。71ページですすめた日記帳があるなら、そこに書いてもいいよ。

自分をほかの人とくらべない

　友だちのすごいところはすぐに気づくのに、自分のこととなるとなかなか良い点数をつけられないよね。大好きな友だちに話すのと同じように、自分に話しかけてみたらどうかな。忘れないでほしいのは、だれかがあなたより速く自転車で走れたり、絵が上手だったり、泳ぎがうまかったとしても、それはたいていの場合、あなたよりたくさん練習したということ。うまくいかずにイヤになりそうだったら、ちょっと休めばいい。でもあきらめてはだめ！

　何かをしていて楽しいと感じたら、その楽しさこそ何より大切なものです。何でも１番になる必要なんてありません！

　でも自分の好きな活動や趣味なのに思ったほどうまくできていないなら、もっと練習してがんばるしかありません。オリンピックの水泳選手でも、犬かきみたいな泳ぎ方から始めたはずです。

> ☆　まちがいをおかすのは、あなたがチャレンジしている証拠です。
> 　　わたしたちは自分のまちがいから何かを学んでいきます。

自分は自分

　あなたはかけがえのないスター。家族や友人は、あなただけのユニークなその人がらを愛しています。だからあなたは自分らしく輝いて！

パート4　自分をいたわり、大切にする

やってみよう!　得意なことは……

あなたが上手なものは何？　だれにでも得意なことはあります。それを並べてみると自信につながるはず。足が速いとか、人を笑わせる冗談がうまいとか、ぬり絵がきれいにできるとか、何でもかまいません。得意なことを5つ書いてみましょう。

今度(こんど)はもっとうまくなりたいと思(おも)っていることを書(か)いてみよう。

_____
_____
_____
_____
_____

それがうまくなるためには、どうすればいい？

_____
_____
_____
_____
_____

パート4　自分をいたわり、大切にする

つぎに、今(いま)はまだできないことを書いてみよう。

それは、どうしたらできるようになるかな？

意見のちがい

　クラスのみんなはケーキが最高のおやつだと言っているけど、あなたはアイスクリームが1番だと思う。どちらが正しい？ もちろん正解なんてない……または、どちらも正解。あなたの意見はほかのみんなと同じである必要はないよね。友だちだから同じように考えるのがふつうだなんてことはありません。逆に、いろんな意見があったほうがずっとおもしろいのです。
　二人の人間が同じ、なんていうことはありえません。双子でもまったく同じではありません。一人ひとりがみなユニークで特別です。出会うどの人とも、あなたはどこかが似ていて、どこかがちがっているはずです。
　意見のちがいをおそれないように……同時に、自分の考えを変えることもおそれないように。

パート4　自分をいたわり、大切にする

友だちと意見が対立（たいりつ）したときのことを覚（おぼ）えていますか？　どんなことで対立したの？

自分の意見を変えたときのことを思（おも）い出（だ）せますか？　どんなふうに変えた？

自分がどうすべきか、
だれかの考えに
合わせるために、
自分の思いを変えたり
隠したりするのは
やめよう。

パート4　自分をいたわり、大切にする

やってみよう！　わたしは専門家！

専門家みたいに、くわしいテーマがありますか？ たとえば、ぼくは石器時代のことなら何でも知っているとか、わたしはペットの気持ちまでわかるとか……。説明してください。絵でもいいよ。

きみは、きみのままでいい

やってみよう！ 気に入ったほめ言葉

仲の良い友だちがあなたのことをほめたとき、
どんな言葉でほめた？
気に入った言葉を3つ書いてみよう。

自分のステキなところを思い出してみるのって、いい気持ちじゃない？

体を動かす

　体調を整えることは何よりも大切です。健康を保ち、体調を良くするために、かんたんにできることはたくさんあります。

やってみよう！　どんな運動をしている？

　必ずしもスポーツでなくてもいいよ。ウォーキング（散歩）、鬼ごっこ、木登り、ダンス……みんな運動。体を動かすことそのものが大切！　思いつくだけ書いてみよう。

きみは、きみのままでいい

ボップといっしょに運動しているあなたを描いてみよう！

> ☆ 毎日1時間の運動ができていますか？ つぎの例のように合計して1時間になればオーケー。
>
> ☆ 〔例〕ウォーキング15分 + 鬼ごっこ20分 + 木登り25分
> 　　　　　　　　　　　　　　　　　　　　　　　＝ 1時間

運動はただ健康にとって良いだけではありません。運動すると、脳の中に気持ちがよくなる特別の化学物質がわいてきて、あなたを幸せな気分にしてくれるのです。

パート4　自分をいたわり、大切にする

食べて健康に

　チョコレートやポテトチップスなどのおやつもときどき食べるのはいいけれど、もっと健康にいいおいしいものをたくさん食べると、気分も良くなるし、楽しいことをするエネルギーがわいてくるよ。

やってみよう!　**あなたの好きなくだものと野菜は？**

　下のお皿の上に、あなたの好きなくだものと野菜を山もり描いてみよう。どちらが高い山になるかな？

☆　1日5きれのくだものか野菜を食べよう。

水って最高！

人間の体の60％以上は水でできていて、わたしたちはその水をたえず使っています。息をしたり、汗をかいたり、泣いたり、トイレに行ったりするたびに、水分は体から出ていきます。

子どもが健康に暮らすためには、1日に少なくとも6杯から8杯の水を飲む必要があります。たくさんの水を飲むことは、あなたが遊んだり、学んだり、成長していく上で欠かせません。

知ってる？

☆ はるか大昔から、地球全体にある水の量はずっと同じです。水は地表と大気圏をぐるぐる循環しつづけています。だから、わたしたちが飲んだり、洗ったりして使っている水は、恐竜が飲んでいたのと同じ水の分子でできているのです！

パート4　自分をいたわり、大切にする

やってみよう！　わたしの寝室

　疲れがとれないのってイヤだよね！　夜ぐっすり眠れればいい気分になれるし、楽しいこともたくさんできる。あなたの寝室はどんな部屋？　絵に描いてみよう。

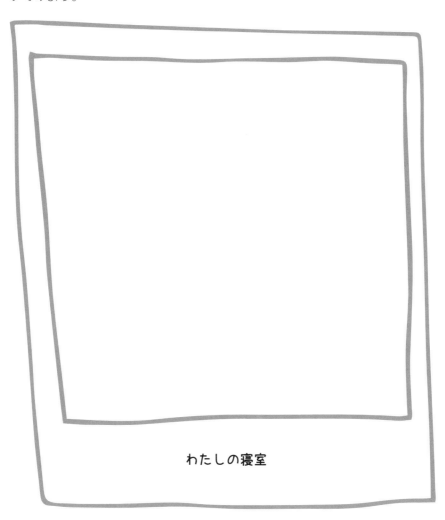

わたしの寝室

> ☆ 毎晩たっぷり睡眠をとるように心がけること。

寝室にお気に入りのものがたくさんあって、きちんと整理されていれば、そこはあなたがゆったりとリラックスできる場所になります。もし散らかっているようなら、物を少し整理して、もう使わないおもちゃはどこかに寄付したらどうでしょう。今気に入っているおもちゃやゲームを楽しむスペースが広くとれるよ。

やってみよう！　ぐっすり眠るために

なかなか眠れないことがある？　こんなやり方もあるよ。
ふとんに入ったら、温かくゆったりくつろいで、はじめに自分の耳たぶのことを考える。耳たぶはどんな感じかな。つぎはあごを思い浮かべてみる。目を閉じたまま、自分の体のいろんなところをチェックしていこう……頭のてっぺんから足の裏まで、ゆっくり。きっとリラックスできて、眠くなるよ。

パート4　自分をいたわり、大切にする

体を大切に

　体って、ほんとうにすごい。37兆個もの細胞でできていて、その細胞すべてが協力し合ってはたらくことで、息をしたり、笑ったり、歌ったり、踊ったりできる。心臓は毎日10万回も鼓動をくり返していて、さまざまなメッセージが新幹線くらいの速さで、神経を通じて脳に送られています。
　あなたの体は成長とともに変化し、大人になっていきます。その変化に不安になったり、とまどったりすることもあるかもしれません。でもその変化はみんなが経験するものだということを忘れないで。決してあなた一人だけの問題ではありません。
　体について恥ずかしく思うのもふつうのことです。覚えていてほしいのですが、だれもあなたの気持ちに反して、あなたの体を見たり、触れたりすることは許されません。心配なことがあれば、いつでも、だれか信頼できる人に相談しましょう。

かがみよ、かがみ

　見かけの良さが何より重要だと考える人がいます。でも見た目で楽しく遊べるでしょうか？　見かけの魅力がパーティーをもり上げるでしょうか？　そういう魅力は、落ちこんだあなたをあたたかく抱きしめてくれますか？　いいえ、そういうことをしてくれるのは、ステキな個性をもった一人ひとりの人間だけです。
　あなたの体つき、顔、ほほえみ……頭のてっぺんからつま先まで、あなたのすべては、あなたにぴったりと合っています。
　心に刻んでほしいのは、あなたはほかの人に見られるために存在しているのではないということです。人に気に入られようとして時間をつぶすよりも、幸せになることに集中するほうが、はるかに価値があります。

パーフェクト星

　テレビや雑誌で見る人たちの多くは、まるで"パーフェクト星"からやってきた宇宙人のように輝いて見えます。かがみで見る自分がそのように見えないことで、自信や自己評価に影響することもあるかもしれません。でも知っていますか？ モデルを完ぺきに見せるために、特殊な照明や画像修正などの技術が使われているのです。実生活では有名人もふつうのただの人です。最も魅力にあふれた人というのは、その人らしい装いで、自分が心地よいと思うスタイルを身につけた人のことではないでしょうか。

　もし外見のことであなたにイヤな思いをさせる人がいたら、改めるべきはあなたの体つき、顔つき、服装、髪型なんかではなく、その人の態度のほうです。

　自分の見た目で気分が落ちこんだときは、完ぺきなどというものは存在しないことを思い出してください。自分の体を、かけがえのない貴重な宝物のようにあつかいましょう。ほんとうに宝物なのですから。

パート4　自分をいたわり、大切にする

あなたは
たった一人(ひとり)しかいない

パート4　自分をいたわり、大切にする

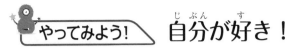
自分が好き！

　自分の体の中で、気に入っているところを3つあげてみよう。絵に描いてもいいし、3つより多くてもいいよ。たとえば、さらさらした髪の毛、強い足、大きな脳みそ……。

☆　自分が気に入っている体の部分って、みんなちがっていろいろだよね。

パート5
将来の計画

未来に目を向けて

　この本でやってきたことは、自分を尊重する心を養うのに役立ちそうですか？ 自信を保つために必要な技はいくつか身についた？ そうだといいんだけど。あなたはよくがんばりました！ いろいろできるようになりました。
　自分の見る「自分」についていろいろわかったし、自分の考え方や感じ方も理解できたので、あなたは学んだことを毎日生かしていけるでしょう。
　それでもまだ自信が足りないように感じることもあるかもしれません。でもそれはだれにでもあること、心配いりません。いつでもこの本を読み返せばいいし、頼りなる大人に相談してもいい。あるいは一息入れて気分を変えるだけでもいいでしょう。

パート5　将来の計画

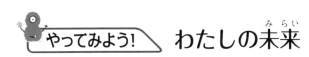
わたしの未来

　大人になったら何になりたい？　どんなことをしたい？　職業だけじゃなくて、大人になったらどんな生活をしてみたいか、絵や言葉で説明してみよう。
　たとえば、どこに住みたいか、どんな楽しいことをしてみたいか、ペットを飼いたいか……

きみは、きみのままでいい

パート5　将来の計画

あなただけじゃない

　たいていの子はときどき自分のことで落ちこみます。そして多くの子があなたと同じように勇気を出して、自分やまわりの世界についての考え方を変えることで、自信を取りもどし、成長していきます。

ルミ（8さい）　わたしはあのバカみたいな運動会のことで悩んでいたの。競走がきらい。競走って世界最悪、やりたくなかった。でも実際はどうだった？　やってみると、あっというまに終わって、チームの応援でもり上がったよ。わたしのチームは2位。来年は今年みたいに心配することはないと思う。

タクヤ（10さい）　去年、よく遊ぶ友だちが二人いたんだけど、その二人はよくぼくを仲間はずれにしたんだ。ぼくがつまらない子だからだと思いこんでいたけど、新しくできた友だちは、ぼくをのけ者にしたりしない。もう去年のように考えることはないよ。

アミ（11さい）　わたしは長いこといじめられていた。意地悪な子たちはわたしが太っていて、目ざわりだから体を隠すべきだと言うの。しばらくはその子たちの言うとおりだと思っていた。でも、今ではわたしの体つきが悪いんじゃない、まちがっているのはいじめっ子たちのほうだと言えるわ。

カツノリ（9さい）　ぼくはテストでいい点数がとれなくて、くやしくて腹が立った。でも友だちも同じ点だとわかって、気分がましになったよ。

ミツキ（8さい）　わたしは学校で劇をするときとか、みんなの前で話すときとか、緊張してどきどきした。でも思いきってやりはじめると、けっこう楽しい。

アキト（7さい）　ぼくは友だちの誕生パーティーに行って、気持ちが悪くなったことがある。またそうなるんじゃないかと思って、パーティーに行くのをやめていたんだ。でもお姉ちゃんの誕生日のときはだいじょうぶだったから、前ほど気にならなくなったよ。

サユリ(11さい) わたしは学校ではとても引っこみ思案なの。みんなわたしよりずっと頭がいいし、前は授業で手をあげることなんてなかった。まちがえたらイヤだし。でも算数は好き。算数の授業では自信がわいてきて、手をあげるようになったわ。ベストをつくすって、いい気持ち。

アユム(11さい) むずかしく言うとディスレクシア〔失読症、識字障害〕っていう障害らしいけど、ぼくは文字をうまく読めない。友だちに知られたくないので、だれかが本を読んでいるのを見ると、わざとふざけてからかったりしていた。でも先生がぼくのディスレクシアについてクラスできちんと説明してくれてからは、恥ずかしいと思わなくなったよ。もう友だちをからかってごまかすこともないよ。

チエ(7さい) わたしはメガネをかけるとみっともない顔になって、友だちに笑われると思ったの。それで病気のふりをして学校を休もうと思った。でも休まないで行ったら、みんなメガネがカッコイイだって！

おしまい！

　自分の価値や自信について、ポップはあなたといっしょにいろいろ学べてとても楽しかったようです。あなたはどうだった？　自分を尊重する姿勢について思い出したくなったり、ここでやったいろんな訓練を復習したくなったら、いつでもこの本にもどってきてね。

　ここまでがんばってきた自分を大いにほめてあげましょう。では、ひとまずさようなら、これからもがんばって。そして忘れないでね——きみはスターだってこと。

保護者の方へ

お子さんの自己肯定感を高めるために、どう手を差し伸べるか？

　お子さんの自己評価向上のためにしてあげられる最善の指導は、良い手本を示すことでしょう。お子さんの前であなた自身のことをやさしく話してあげてください。たとえお子さんが熱心に聞いていないと思われても、伝えようという姿勢には意味があります！　子どもは素直に認めたがらないときもあるのですが、親や身近な保護者は子どもにとって最高のロールモデルに違いありません。あなたのふるまい方を見つめながら、子どもは大人のあり方について多くを学んでいくものです。外見や世間の常識を気にするのではなく、あなた自身の心のあり方に注意を払い、あなた自身の興味を豊かにすることを通じて、あなたもまた特別でユニークな存在であることを子どもに示しましょう。

　問題に向き合うときは、解決を目指す前向きな言葉を使うようにしましょう。何かがうまくいかない場合でも、誰のせいなのか、どうすれば失敗を避けられたのかを突き止めることが、ただちに重要になるわけではありません。事態を注意深く観察して、解決策を探ることを優先すべきです。

　あなたもまだ学びの途上にあり、大人として新しいことに取り組んでいるという姿勢を、子どもに見せてください。あなたが何か新しいチャレンジに取り組んでいるなら、そのはじめの1歩について子どもに語ってください。子どもが理念や精神を理解するのは、実生活で具体的な手本を示されたときです。ですからあなたが運転免許を取るのにどんな苦労をしたかを話してあげたり、お子さんの赤ちゃんのときの写真を手に、今までの成長過程を振り返ったりするのはおすすめです。

　人の多様なあり方について説明し、他者への敬意をどう表すかを教えてあげましょう。子どもが出会いの中で「ちがい」の価値を理解できるようになれば、自

分が特別であることの意味もわかりやすくなるはずです。

　子どもが自分の能力に自信を失いかけているとき、何でもかんでも大げさにほめてやる気を出させようとする傾向が親にはあるようです。でもこのやり方はすぐに見破られてしまいます。何でもほめるのではなく、特定の具体的なことを評価するように心がけてください。たとえば子どもが上手に絵を描いたとき、細部への注意力に感心するとか、絵のある部分についてあなたから質問してみるのはどうでしょう。子どもの興味にこちらも興味を示せば、お子さんは自分の得意な分野をさらに楽しんで開拓するようになるでしょう。

　逆に子どもが壁にぶつかってもがいているようなときは、ちょっとした改善策をアドバイスしたり、プロセスを小さな段階に分けてやりやすくする提案をしてあげましょう。

　仲間に合わせようという傾向も、この年齢では傍（はた）から見る以上に強固なようです。あなたはそのままでかけがえのない魅力ある存在なんだということを、しっかりと伝えてください。前向きに歩む良き手本を見習うように、やさしく励ましてあげましょう。さまざまな本、映画、活動を通じて、子どもの想像力を鍛えることも大切です。

　この本で紹介した知識や提案が皆さんの役に立つことを、心から願っています。自分の本当のすばらしさをわかっていない子どもの様子は、いつでも胸に刺さります。だからこそ、自己評価の低い子どもを励まし、支えようとするあなたの努力は貴重なものです。幸運をお祈りします。

クレジット

pp.1, 14, 18, 19, 22, 24, 26, 28, 29, 30, 32, 37, 39, 40, 41, 43, 44, 50, 53, 54, 55, 56, 58, 60,63, 65, 69, 71, 78, 82, 84, 93, 96, 98, 108, 109, 112, 115, 120, 124, 126, 128, 130, 132, 133, 136, 138, 140, 144 – monsters ⓒ mers1na/Shutterstock.com

p.21 – treasure chest ⓒ chuhastock/Shutterstock.com

p.22 – emojis ⓒ browndogstudios/Shutterstock.com

p.24 – rain cloud c lineartestpilot/Shutterstock.com

p.30 – gauge ⓒ Icon Craft Studio/Shutterstock.com

p.32 – rubbish and bin ⓒ Lemonade Serenade/Shutterstock.com

p.39 – world ⓒ Ohmega1982/Shutterstock.com

p.44 – thought bubbles ⓒ NastyaBob/Shutterstock.com, book ⓒ trentemoller/Shutterstock.com, palette and paintbrush ⓒ Khabarushka/Shutterstock.com

pp.47–48 – badges ⓒ jakkapan/Shutterstock.com,scissors and dotted lines ⓒ Evgeniy Belyaev/Shutterstock.com

p.53 – children at desks ⓒ advent/Shutterstock.com

pp.54–56 – thought bubbles ⓒ NastyaBob/Shutterstock.com

p.58 – devil horns ⓒ lineartestpilot/Shutterstock.com

p.60 – magnifying glass ⓒ Netkoff/Shutterstock.com

p.63 – question marks ⓒ Nikolaeva/Shutterstock.com

p.65 – bicycle ⓒ Netkoff/Shutterstock.com

p.71 – desk ⓒ Evgeniy Yatskov/Shutterstock.com

p.73 – boxes ⓒ ADELART/Shutterstock.com

pp.73–74 – scissors and dotted lines ⓒ Evgeniy Belyaev/Shutterstock.com

p.80 – star ⓒ hchjjl/Shutterstock.com

pp.82–85, 87, 89, 91,95, 101, 104 – doodles of children ⓒ advent/Shutterstock.com

p.98 – thought bubble ⓒ NastyaBob/Shutterstock.com

p.108 – spotlight ⓒ advent/Shutterstock.com

p.109 – thought bubbles ⓒ NastyaBob/Shutterstock.com, lotus flower and candle ⓒ Daniela Barreto/Shutterstock.com, sunshine ⓒ tereez/Shutterstock.com

p.110 – tree ⓒ Kong Vector/Shutterstock.com

p.112 – drink ⓒ owatta/Shutterstock.com

p.114 – scribble ⓒ Katerina Pereverzeva/Shutterstock.com

p.120 – thought bubbles ⓒ NastyaBob/Shutterstock.com, cake ⓒ hchjjl/Shutterstock.com, ice cream ⓒ LHF Graphics/Shutterstock.com

p.124 – bubbles and wand ⓒ anastasiaromb/Shutterstock.com

p.126 – tennis racket ⓒ Netkoff/Shutterstock.com

p.127 – plates ⓒ Vasilyeva Larisa/Shutterstock.com

p.128 – glasses of water ⓒ owatta/Shutterstock.com

p.129 – polaroid frame ⓒ Tsaranna/Shutterstock.com

p.136 – children ⓒ advent/Shutterstock.com

p.138 – thought bubbles ⓒ NastyaBob/Shutterstock.com, chef's hat ⓒ wenchiawang/Shutterstock.com, rabbit ⓒ Orfeev/Shutterstock.com, house ⓒ shooarts/Shutterstock.com

［著 者］
ポピー・オニール（Poppy O'Neill）
ポーツマス在住の作家。彼女の短編小説とノンフィクション作品は、さまざまな文芸雑誌やアンソロジーに登場し、またショートショート作品は、バスフラッシュフィクション賞とブリストル賞の候補に挙がっている。

［訳 者］
渡辺滋人（わたなべ　しげと）
訳書に『不安と友だちになる』『仕掛絵本図鑑　動物の見ている世界』『心配ないよ、だいじょうぶ』（いずれも創元社）、『10代からの心理学図鑑』（三省堂）ほか。

〈おたすけモンスター〉シリーズ②
きみは、きみのままでいい
子どもの自己肯定感を育てるガイド

2019年1月10日　第1版第1刷発行
2024年1月10日　第1版第4刷発行

著　者　ポピー・オニール
訳　者　渡辺滋人
発行者　矢部敬一
発行所　株式会社　創　元　社
　　　　〈本　　社〉〒541-0047　大阪市中央区淡路町4-3-6
　　　　　　　　　　電話　06-6231-9010（代）
　　　　〈東京支店〉〒101-0051　東京都千代田区神田神保町1-2　田辺ビル
　　　　　　　　　　電話　03-6811-0662（代）
　　　　〈ホームページ〉https://www.sogensha.co.jp/
印　刷　株式会社　太洋社

乱丁・落丁本はお取り替えいたします。
©2019 Printed in Japan
ISBN978-4-422-11687-7 C0311

JCOPY〈出版者著作権管理機構委託出版物〉
本書の無断複製は著作権法上での例外を除き禁じられています。複製される場合は、そのつど事前に、出版者著作権管理機構（電話03-5244-5088、FAX 03-5244-5089、e-mail: info@jcopy.or.jp）の許諾を得てください。